바뇌, 가난한 이들의 동정녀

오귀스트 뢸 지음
김정옥 옮김

Banneux: La Vierge des Pauvres

by **Auguste Reul**
Tr. by **Kim Jung-ok**

Copyright © 1998 Recteur du Sanctuaire, Banneux
Copyright © 1999 by ST PAULS, Seoul, Korea

ST PAULS
103-36 Songjung-dong Gangbuk-gu 142-806 Seoul Korea
Tel 02-9448-300, 02-986-1361 Fax 02-986-1365

바뇌, 가난한 이들의 동정녀

지은이 : 오귀스트 뢸
옮긴이 : 김정옥
펴낸이 : 백기태
펴낸곳 : 성바오로
주소 : 서울 강북구 송중동 103-36
등록 : 7-93호 1992. 10. 6
1-1쇄 : 1999. 4. 30
1-2쇄 : 2009. 10. 23
SSP 539

취급처 : 성바오로보급소
전화 : 9448--300, 986--1361
팩스 : 986--1365
통신판매 : 945--2972
E-mail : bookclub@paolo.net
http://www.paolo.net

값 6,000원
ISBN 978-89-8015-318-3

차 례

기도와 주교들의 담언 | 5
바뇌, 벨기에의 리에즈 행정 관할 구역 | 8
발현 진상 | 9
삼매화 | 17
확 인 | 19
발현 진상의 의미 | 20
메시지 | 25
마리에트 | 33
마리아 성지 | 38
순례의 여정 | 42
배 지 | 44
환자들과 가난한 이들 | 46
순례지의 삶 | 53
바뇌가 제의한다 | 58
성지 약도 | 70
바뇌로 가려면… | 72

기도와 주교들의 담언

가난한 이들의 동정녀이시며 모든 여인들 중에 축복을 받으신 성모 마리아님,
저희에게 당신을 보내 주신 아버지 하느님은 찬미받으소서.
당신은 항상 저희를 위해 계셨고 지금도 함께 계시며 영원히 저희처럼,
당신을 믿고 당신께 기도하는 모든 이들을 위해 계실 분이시옵니다.
바뇌에서 계시하신 대로 당신은 모든 은총의 중재자이시고,
구세주의 어머니이시며, 하느님의 어머니,
가난한 이들과 모든 사람들을 사랑하시는 관대하시고 능하신 어머니,
고통을 덜어 주시고 개인과 사회를 구원하시는 어머니,
영원한 삶의 참 샘이시고 유일한 샘이신 예수님께
저희를 인도하시기 위해 찾아오신
모든 민족들의 어머니시요 여왕이시옵니다.

　　　　　　　　　　　　　　　　케르크홉스 주교(Mgr. L. J. Kerkhofs)

　성모 마리아께서는 오늘도 당신의 거동과 말씀을 통해 복음적 가난의 중요성을 강조하시며 헐벗고 고통받는 이들에 대한 배려를 강조하고 계십니다. 그분은 우리 모두를 기도에 초대하고 계시며, 젊은이들을 신뢰하고 모든 민족을 위한 평화의 의지를 다지라고 호소하고 계십니다.

　성모 마리아께서는 우리 앞에 가시며 우리를 실존의 길로, 예수 그리스도이신 거룩한 삶의 원천을 만나도록 우리를 인도해 주십니다. 그리고 우리로 하여금 예수님 안에서 참 삶을 길어 올리고, 그분이 우리를 차지하도록 내맡기라고 초대하십니다.

　성모님은 우리에게 습관이 된 안이한 생활을 청산하고 '집'을 떠나라고 요구하십니다. 예수 그리스도를 발견하기 위해 단호한 마음으로 길을 떠나, 그분을 위해 우리 형제들에게 봉사하는 일에 적극적으로 투신하라고 당부하십니다.

반 쥘랭 주교(Mgr. G. M. van Zuylen)

    1933년 이래, 바뇌의 메시지는 많은 말씀들과 새로운 계시들을 통해 수많은 사람들, 환자들과 가난한 이들, 고통과 외로움에 흐느끼는 사람들의 마음 안에 깊이 확산되어 갔습니다. 발현 소성당과 그외 다른 예배와 영접의 새로운 성지 시설들은 단순성 안에 성모 마리아의 메시지를 존중하며 전파하고 있습니다. '가난한 이들의 동정녀의 집'은 1940 - 1945년 제2차 세계 대전 동안 나치스 학살 작전을 모면하기 위해 유다인 어린이들을 유숙(留宿)시켜 준 집이기도 합니다. 사회 복지와 영성적인 차원에서 시행되고 있는 모든 봉사 활동은 고통받는 이들의 어머니이신 마리아께 봉헌되고 있습니다. 그분은 다양한 형태로 현존하시며 도와 주고 계십니다. 바뇌를 찾는 순례자들을 위한 시설들은 다양합니다. 환자들을 영접하는 숙박소들, 환자들이나 단체 및 개인을 위한 여러 순례 프로그램들, 가난한 이들과 장애인들을 영접하는 성지 인근에 배치되어 있는 크고 작은 집들, 하루 피정이나 장기 피정 및 젊은이들을 위한 각종 만남들, 전례 행사 및 기도 모임이나 영적 교화를 위한 모임들, 화해 성사를 위한 사목 등 모든 조직들이 마리아께서 우리에게 상징적인 표징으로 주시는 '생활한 샘물'로 가도록 인도하고 있습니다.

    우시오 주교(Mgr. A. Houssiau)

바뇌, 벨기에의 리에즈 행정 관할 구역

아르덴느(Ardennes) 고원에 있는 대 공업도시 리에즈에서 20킬로미터 떨어진 곳에 자리잡고 있고 아름다운 저지대인 베스드르(Vesdre), 앙블레브(Amblève), 우르트(Ourthe)에서 멀지 않은 바뇌는 루베녜(Louvaigné)의 작은 마을이다.

1933년 발현 당시 바뇌의 주민 수는 325명, 아직 본당으로 인정받지 못한 상태였다. 따라서 그곳 사제는 '주임 신부'가 아니라 '지도 신부' 자격이었다.

바뇌의 대광장과 페펭스테르(Pepinster)를 연결해 주는 '미헤(Mihay)의 길'. 성당에서 300미터 거리에 있는 큰길은 팡즈(Fange)의 히스 나무들과 전나무들 숲으로 나 있다. 이 길은 베코(Beco)의 정원에서 일어난 발현 장소로 인도해 준다.

발현 진상

첫번째 발현

1933년 1월 당시 마리에트 베코(Mariette Beco)는 열한 살이었다. 1921년 3월 25일, 7남매의 맏딸로 태어난 그녀의 가정은 생활고에 허덕이고 있었다. 그녀의 집은 숲에서 멀리 떨어져 있는 곳, 바뇌 마을에서도 동떨어져 있고, 길가에서 좀 들어가 있는 아주 허름한 농가였다.

1월 15일 저녁, 아주 깜깜하고 차가운 밤이 내려앉았다. 식구들은 아침에 집을 나가 돌아오지 않은 열 살짜리 줄리앵을 기다리고 있다. 마리에트는 창가에 앉아

습지인 팡즈에, 숲 경계선에 있는 소박한, 베코의 집. 이 집 창문에서 동정녀께서 발현하신 자리까지의 거리는 7미터 50센티미터.

마리에트와 르네.

어둠 속을 주시하고 있다. 갑자기 나타난 밝은 빛이 그녀의 시선을 사로잡는다.

석유 등잔 불빛이 창유리에 반사된 것으로 착각한 그녀는 등잔을 들고 옆방으로 가서 돌아보고 온다. 이내 불안해진 그녀는 엄마를 부른다.

"엄마, 저기 정원에 어떤 아름다운 부인이 나타나셨어요!"

처음에는 대수롭지 않게 여기던 어머니도 마리에트가 계속 강조하자 의아해한다. 맏딸 마리에트는 명상가도 아니고 신심 있는 아이도 아니었기 때문이다. 도무지 기도하는 기미도 보이지 않았고, 벌써 3개월째 미사에도 교리반에도 나가지 않고 있었다. 어머니도 자세히 바라보니 희미한 형체가 보이는 듯 해서 두려운 마음이 들기 시작, 드디어 "마녀가 나타났다!" 하고 고함친다. 마리에트는 기도하기 시작, 정원 쪽을 주시하고 있는데 그 부인이 다가오라고 손짓한다. 마리에트가 밖으로 나가려 하자, 어머니가 놀라 문을 열쇠로 잠가 버리고 나가지 못하게 막는다. 마리에트가 창가로 돌아가 밖을 내다보니 불빛은 이미 사라지고 없었다.

이 첫번째 발현의 가장 감동적인 효과는 마리에트의 '회심'이다. 그 일이 있은 후부터, 마리에트는 매주 수요일 아침 7시 30분 미사에 나갔고, 다른 어린이들과 함께 교리반에도 갔다. 자땡 신부는 혼란에 빠졌다. 마리에트가 회심한 것은 세

가지 이유에서 그를 감동시켰다.

우선 첫영성체 반에서 이미 누락된 것으로 간주했던 그 소녀가 돌아온 것에 놀랐다. 사실 마리에트가 전에 교리반에 나올 때에도 규칙적으로 나오는 것이 아니었다. 나쁜 뜻이 있어 그랬던 것은 물론 아니었다. 6남매의 맏딸인 그 소녀는 자주 병석에 누워 있는 어머니를 도와드려야 했고, 아침이면 집에서 해야 할 일이 많았다. 자맹 신부의 충고도 종교 문제에 무관심한 편이던 아버지 때문에 잘 이해되지 않았으므로, 잘 수용되지도 않았다. 그래서 자맹 신부는 마리에트의 첫영성체를 보류시키기로 결정한 상태였다.

두 번째 이유는, 마리에트의 절친한 친구인 어린 조세핀이 발현에 관해 얘기해 주었기 때문이다. 그래도 자맹 신부는 그 일을 함부로 발설해서는 안 될 엉터리 소문쯤으로 생각했다.

세 번째 이유는, 마침내 자맹 신부의 마음을 움직였다. 15일 전, 그는 이미 여러 차례 동정녀의 발현이 있었던 보랭(Beauraing)에 다녀왔기 때문이다. 그는 신자들의 신심을 일깨워 줄 만한 징표가 나타나기만을 기대하고 있었다. 그래서 1월 8일부터 그 징표를 기다리는 마음으로 신자들과 함께 9일기도를 시작했다. 그때 그는 한 냉담자의 회심을 마음에 새기고 있었다.

교리반은 미사가 끝난 다음에 이어졌다. 자맹 신부가 어린이들에게 질문했다. 그를 놀라게 했던 것은 마리에트가 32번씩이나 결석을 했는데도 질문에 곧잘 대답했다는 점이다. 처음 있는 일이었다.

사실, 마리에트는 첫해 교리반에서는 열심히 하지 않았다. 3학기 성적표는 0점

가난한 이들의 동정녀께서 작은 예견자를 샘으로
인도하시기 위해 네 번 밟으셨던 길.

바뇌의 지도 신부였던 루이 자맹(Louis Jamin) 신부.

이었다. 잘 이해하지도 못할 뿐더러 답을 해도 적합한 답을 할 줄 몰랐다. 그래서 그 아이는 5명 중에서 5등을 차지했다.

한데 이번에는 달랐다. 마리에트가 교리 과목을 예습해 왔던 것이다. 전날 저녁, 그 아이는 친구 조세핀에게 교리 학습에 관한 질문도 했다.

두 번째 발현

1월 18일 수요일 저녁 7시, 마리에트는 정원에서 무릎을 꿇고 두 손을 모으고 기도하고 있었다. 그 소녀의 아버지가 마녀를 쫓아 내겠다고 집 주변을 누비고 다니며 시끄럽게 해도 전혀 개의치 않고 무감각해 보였다. 그 소녀의 아버지가 자맹 신부에게 그 사실을 알리려고 찾아갔으나 없었다. 마리에트는 정원에서 나와 부인이 부르는 길가로 나섰다. 꽁꽁 얼어붙은 땅바닥에 두 번 무릎을 꿇었다. 세 번째 그녀가 무릎을 꿇은 곳은 경사지 근처, 샘에서 나오는 물이 고여 있는 '물구덩이' 앞이었다.

부인이 마리에트에게 말씀하셨다.

"그 물 속에 네 두 손을 담가라."

마리에트는 그 찬 물구덩이 밑바닥까지 두 손을 밀어 넣는다. 손에 쥐고 있던 묵주가 떨어져 나갔고, 그것은 다음 날 다시 찾아왔다. 소녀는 부인이 한 말을 들려 주었다.

"이 샘은 나를 위해 마련된 것이다. 마셔라. 또다시 만나자."

같은 날 저녁, 연락을 받은 자맹 신부가 두 신자들을 대동하고 베코의 집을 방문했다. 마리에트의 아버지는 결심했다.

"내일 고해성사를 보고 영성체하겠습니다."

그것이 두 번째 회심이다.

세 번째 발현

1월 19일 목요일, 아주 매섭게 쌀쌀한 날씨 때문에 마리에트는 낡은 외투로 머리를 감싼 채 오솔길 바닥에 무릎을 꿇고 있다. 저녁 7시. 그녀 옆에는 여섯 사람이 함께 있다.

부인이 나타나신다. 마리에트가 그 부인에게 질문한다.

"아름다운 부인이시여, 당신은 누구십니까?"

"나는 가난한 이들의 동정녀다."

"오, 가난한 이들의 동정녀시라구요!" 하고 마리에트가 되묻는다. 동정녀는 그 소녀를 길가로 해서 샘터로 인도하신다. 마리에트가 다시 질문한다.

"아름다운 부인이시여, 당신은 어제 '이 샘은 나를 위해 마련된 것'이라고 하셨습니다. 왜 '나를 위해서'라고 말씀하셨습니까?"

마리에트는 순진하게 그 샘이 그분의 것이라 믿으며 지적했던 것이다. 그러자 동정녀는 더욱 환히 웃으며 대답하신다.

"이 샘은 모든 민족들을 위해 마련된 것이란다."

"모든 민족들을 위해서요?"라고 마리에트가 되묻는다.

"환자들의 고통을 덜어 주기 위해서."

"환자들을 위해서요. 감사합니다, 감사합니다."라고 마리에트가 말한다. 동정녀께서 다시 말씀하신다.

"내가 너를 위해 기도하겠다. 또다시 보자."

마리에트는 자기도 이해 못 하는 '민족'이라는 단어를 되새긴다. 그리고 같은 길로 집으로 돌아왔다. 그리고 아버지를 보자 달려가 포옹했다.

네 번째 발현

1월 20일 금요일, 마리에트는 하루 종일 침대에 누워 쉬었다. 전날 밤, 잠을 못 잤기 때문이다. 저녁 6시 45분, 그녀는 자리에서 일어나 주섬주섬 옷을 찾아 입고, 함께 가 달라고 부탁했던 어른들이 가지 말라고 했지만 밖으로 나갔다. 그리고 오솔길 옆에 무릎을 꿇고 앉아 잠시 기도하고 있을 때였다.

동정녀께서 발현하시자 마리에트가 소리친다.

"오, 부인!"

그리고 그 부인과 대화에 들어간다.

"오, 아름다운 부인이시여, 당신은 무엇을 원하십니까?"

웃고 계신 동정녀께서 대답하신다.

"나는 작은 성당 하나를 원한다."

동정녀는 두 손을 드시더니 오른손으로 마리에트를 축복해 주시자, 소녀는 무너지듯이 주저앉고 만다. 마리에트가 실신한 것이다. 주위에 있던 사람들이 집으로 데려다 누인 얼마 후에서야 소녀는 의식을 회복했다.

발현 중단

그리고 3주가 아주 조용하게 지나갔다. 1월 21일부터 2월 11일까지, 동정녀께서 찾아오지 않으신 것이다. 그 사이, 사람들은 무관심해졌고 발현 현장 입회자들도 점점 줄어들었다. 하지만 마리에트는 약속을 성실히 지키려 했다. 매일 저녁 7시, 추운 날씨에도 아랑곳하지 않고 정원에 나가 기도했다. 소녀는 묵주기도를 4단, 5단, 6단, 때로는 7단까지 바쳤다. 혼자 있을 때도 침착하게 묵주알을 굴리고 있었다.

다섯 번째 발현

2월 11일 토요일. 마리에트는 다시 길가에 나가 두 번 무릎을 꿇었고 샘물에 두 손을 담그고 나서 십자 성호를 그었다. 갑자기 벌떡 일어선 소녀는 아무도 기다리지 않고 혼자 집으로 달려가며 울었다. 그녀는 '덜어 준다'라는 말이 무엇을 뜻하는지 아버지에게 질문했고, 동정녀께서 말씀하신 "나는 고통을 덜어 주러 왔다."고 말씀하신 것이 무엇을 계시하시는지 질문했다. 그리고 5월에나 하게 되어 있던 첫영성체를 그 발현이 있던 다음 날 했다.

여섯 번째 발현

다시 사흘이 지나갔다. 사람들의 호기심도 그만큼 약해져서 2월 15일 수요일, 여섯 번째 발현이 있던 날은 불과 3명이 마리에트와 함께하고 있었다. 마리에트는 자맹 신부의 요청을 전한다.
"거룩하신 동정녀시여, 지도 신부님께서 징표를 하나 보여 달라고 부탁하셨습니다."
동정녀께서 대답하신다.
"나를 믿어라. 그러면 나도 너희를 믿겠다."
그리고 마리에트를 위해 한 마디 덧붙이신다.
"많이 기도하거라. 또 보자."
마리에트는 얼굴을 땅에 대고 기도하며 흐느껴 운다. 동정녀께서 떠나가셨기 때문이다. 동정녀는 소녀에게 비밀 하나를 말씀해 주셨다.

일곱 번째 발현

일곱 번째 발현 일인 2월 20일, 몹시 추운 날씨였지만 마리에트는 또다시 눈 위에 무릎을 꿇고 있었다. 여덟 사람에 둘러싸여 묵주기도를 올리고 있었다. 소녀가 갑자기 큰 소리를 내며 빠른 속도로 기도한다. 그녀는 정원에서 나와 길을 걷다가 전처럼 두 번 멈추고 무릎을 꿇고, 샘에 이르러 기도하며 운다. 그 부인이 너무 빨리 떠나가셨기 때문이다. 동정녀 마리아께서 마리에트에게 말씀하신다.

"사랑하는 딸아, 많이 기도하거라."

그날 밤 10시 30분경, 아버지가 마리에트의 방에 들어가 보니, 그녀는 손에 묵주를 든 채 침대 곁에 무릎을 꿇고 의자에 기대어 잠들어 있었다.

여덟 번째 발현

마리에트는 마지막으로 동정녀를 뵙기 전, 또다시 10일을 기다려야 했다. 그분은 3월 2일 목요일 발현하셨다. 오후 3시부터 비가 억수같이 퍼붓고 있었다. 마리에트는 저녁 7시에 우산을 받쳐들고 나갔다. 그녀가 세 번째 묵주기도에 들어갔을 때 갑자기 비가 그쳤다. 소녀는 입을 다물고 조용히 두 팔을 벌리고 일어나 한 발짝 가더니 무릎을 꿇는다. 그리고 팔꿈치를 땅에 대고 엎드려 흐느껴 운다. 크게 감동을 받은 아버지가 딸을 일으켜 껴안고 집으로 돌아온다. 빗방울이 다시 떨어지기 시작한다. 흐느껴 울며 집으로 돌아온 마리에트는 잠시 후, 동정녀 마리아께서 말씀하신 메시지를 털어놓았다.

"나는 구세주의 어머니요 하느님의 어머니이다. 많이 기도하여라."

그러고 나서 소녀 위에 손을 얹으시며 이렇게 말씀하셨다.

"잘 있거라."

이어서 소녀는 결론지었다.

"그 부인이 나에게 잘 있거라 하셨어요. 다시는 그분을 뵙지 못할 거예요."

훗날, 그는 이렇게 말했다.

"동정녀께서 나에게 너무 가혹한 말씀을 하셨어요. '잘 있거라!' 하구요."

1997년 김수환 추기경님 방문 때 성지원 원장과 함께

삼매화

발현 소성당의 삼매화는 마리에트의 설명에 따라 루이-마리 자맹 신부의 숙부인 레옹 자맹(Léon Jamin)에 의해 실현되었다.

이 삼매화는 강한 요구에 따라 예술가로 하여금 5번씩이나 다시 시작하게 함으로써 고충을 겪게 했다. 초벌을 보았던 마리에트는 "오! 흉해요! 너무 할머니 같아요! 나를 혼동시키려고 일부러 그러신 거죠? 내가 본 부인의 발은 저렇지 않았어요!"라고 말했다. 세 번째 작품을 본 소녀는 "좀 괜찮아졌네요!" 하면서 연필을 가지고 손들이랑 너무 목이 팬 블라우스, 너무 긴 벨트 등 몇몇 부분을 수정했다.

"이런 푸른색도 아니고 이런 흰색도 아니었어요!"

네 번째 작품을 보면서 소녀는 그 귀여운 손으로 눈을 비볐다.

"네, 저런 눈을 보았더랬어요! 긴 원피

스의 그림자!"(화가나 사제 모두 동정녀가 외부의 조명을 받지 않고 내부에서 발산하는 조명을 받고 있다는 것을 미처 파악하지 못했다.)

조카를 기쁘게 해주려고 그 작업에 착수했던 화가는 그 즉시 꼬마가 그처럼 상세하고도 즉흥적으로, 전혀 아무 망설임 없이 묘사했던 실상을 의심하지 않게 되었고, 데생과 색채를 통해 환시 장면을 온 정성을 다해 완성했다. 1933년 4월 13일, 드디어 '놀라운 선물'을 관람하도록 초대받은 마리에트는 눈을 아래로 뜬 채 "흉해요! 정말 흉해요!"라고 중얼거리며 사제관으로 들어갔다. 작품 앞에 이르러 눈을 크게 뜬 그녀는 한 순간 잠자코 있다가 "오! 아름다워요…네, 정말 예뻐요! 어떻게 이렇게 예쁘게 그리셨어요?"라고 말했다. 몇 달 후, 그녀는 한 친구에게 털어놓았다.

"내가 화가라도…그보다 잘 그리지는 못했을 거야!"

L. Wuillaume S. J.

Banneux,

"Message pour notre temps" 중에서

발현 소성당

확인

이미 1942년, 그리고 1947년에 리에즈 교구 주교는 '가난한 이들의 동정녀'께 대한 공경을 인정했다. 1949년 8월 22일, 리에즈 주교는 여덟 차례 발현의 실상을 망설이지 않고 인정했다. 그 같은 주교의 뒷받침은 그 사실을 온 세계에 널리 알리고 발현에서 유래되는 은총을 전파하며, 이곳 성지순례에 좀더 활기를 불어 넣어 줄 목적으로 자발적인 운동을 촉진시켜 주었다. 신학위원회가 결성되었고, 3권의 책이 출판되었다. 현재 4개의 잡지들이 대중을 목표로 출판된 서적들을 홍보하고 있다. 아울러 성지 순례와 환자들의 숙박소들에 대한 안내를 돕고 있고, 멀리 있는 여러 나라에서 일어난 소식들, 종종 놀라운 소식들을 전달하고 있다.

많은 벨기에 주교들과 외국 주교들이 소속 교구의 신자들을 대동하고 바뇌를 찾아 순례하고 있다.

요한 바오로 2세 교황도 1985년 5월 21일 바뇌를 친히 방문해 주셨다. 그 동안 이곳을 찾아왔던 수백만의 다른 순례객들처럼 교황님도 발현 소성당에서 기도하셨고, 소성당에서 샘으로 이어진 길을 따라 걸으셨고, 샘물에 두 손을 담그셨다.

그날 교황님이 집전하신 미사에는 만 명 이상의 신자들이 참석했다. 교황님은 환자들과 장애자들, 집시들을 접견하셨다.

발현 진상의 의미

발현이 전개된 여러 자리와 동정녀께서 택하신 순간은 모두 의미를 지니고 있다. 동정녀께서 취하신 몸짓이나 마리에트에게 요청하셨던 몸짓은 계시적이다. 발현 사건의 전개는 계시에 적합한 가르침들로 짜여 있어 풍요롭다.

장 소

발현 장소는 어떤 곳인가?
프랑스 혁명 전, 바뇌는 스타블로-말므

디(Stavelot-Malmedy) 교회령에 속해 있었다. 14세기부터, '바뇌'(Banneux) 주민들은 '평범함'(banalité)의 특혜를 누리고 있었다. 즉 넓은 초원의 사용권과 그 지역 수림의 사용권을 누리고 있었다.

'바뇌'라는 이름은 '바날'(banal), 즉 주민들에게 소박한 조건을 내세운 사용권이 부여되어 있는 관할 구역임을 나타내는 '평범한 자리'에서 유래되었다. 바뇌 주민들은 1914년 그 마을의 수호를 성모님께 맡기기로 약속한 이래 'Notre-Dame'(성모)라는 단어를 덧붙여 사용했다. 즉 'Banneux Notre-Dame'(바뇌 성모)는 이미 발현 이전부터 사용되어 왔다.

베코 가족은 그 마을에서 떨어진 외딴 곳, 때로는 집시들이 진을 친 곳에 살고 있었다. 그곳은 '진창'(fagne)이라 불렸다. 주로 가난한 사람들이 사는 지역이었다. 그 가족은 베코 씨가 직접 손으로 지은 농가에 살고 있었다. 그러한 모습은 온 세계 가난한 이들의 일상적인 삶을 나타내는 그대로였다. 그런 가운데서도 그 가정에는 따뜻한 분위기가 감돌고 있었다.

순간

동정녀는 자신의 발현 시각을 정하셨다. 발현 순간은 우연의 결과가 아니다. 때는 엄동설한이었다. 그리고 밤의 어둠 속에 이루어졌다. 어둠은 악의 상징이고 죽음의 상징이다. 또 두 세계 대전 사이에, 심각한 경제난으로 국민들이 한창 어

발현 소성당은 베코네 정원이 있던 장소, 발현 자리에 자리잡고 있다. 소성당 오른쪽의 베코의 집은 발현 당시의 형태를 그대로 간직하고 있어 즉시 알아볼 수 있다. 사진 오른쪽에 있는 숙박소 아래편, 바람에 나부끼며 춤추고 있는 촛불들은 그 촛불을 밝혀 놓은 순례객들의 기도를 더욱 오래도록 연장시켜 주고 있다.

발현 소성당 앞. 촛불 받침대들. 휠체어로 진입할 수 있다.

려움에 처했을 때였다. 공포와 죽음의 씨를 뿌린 독재가 세계를 거슬러 일어나고 있을 때였다. 히틀러가 1933년 1월 30일 독일에서 정권을 잡고 있었다.

몸 짓

사물과 몸짓의 전개 역시 우리의 관심을 끌고 있다.

바뇌의 진상들은 단순하면서도 그 의미가 깊다. 동정녀께서는 마리에트 소녀를 그의 일상적인 삶의 배경 안에서 만나신다. 그분은 소녀가 살고 있는 집안, 정원으로 찾아오신다.

동정녀께서는 끊임없이 움직이신다. 마리에트는 그분이 멀리서 곁으로 다가오시고 손짓하시고, 앞으로 미끄러지듯이 지나가시며, 뒤로 물러서시기도 하고, 끊임없이 소녀를 바라보시는 것을 보았다. 동정녀께서는 소녀에게 웃으시고, 샘으로 인도하신 다음 소녀가 물에 손을 넣었을 때, 그분은 오실 때처럼 사라지신다.

동정녀께서는 소녀에게 샘가로 가라는 요구만으로 만족하지 않으신다. 그분은 그녀를 직접 데리고 가시는데 항상 앞에서 인도하신다. 샘가로 가는 과정은 4단계를 거치고 있다. 우리는 삶 안에서 매일 같은 길을 달리고 있고, 회심은 매일 다시 시작하는 하나의 과정이다. 그 길은 바로 우리의 일상적인 삶의 모습이다. 우리가 집을 나서면서 들어서야 하는 바로 그 길이다.

샘

샘은 발현의 귀결점이다. 거기에 도달하기 위해, 마리에트는 태양이 떠오르는 동쪽 길을 따라 걸어갔다. 부활절 아침, 우리를 위해 떠오른 태양, 그 태양은 곧 그리스도이시다.

그 여정에서, 소녀는 동정녀를 향해 나아갔으나 결국은 그리스도께 귀착하게 된다. 왜냐하면 샘은 영원한 생명의 샘이신 그리스도이시기 때문이다.

샘을 향한 발걸음은 빠른 속도로 이루어지고 있다. 길에서 두 번 멈추고, 샘 앞에서 세 번째 멈춘 것은 풍요한 의미가 있다. 마리에트가 무릎을 꿇은 곳은 항상 똑같은 자리였다. 이 되풀이된 무릎 꿇음은 우리가 시련에 억눌려 있을 때, 우리가 저질은 잘못으로 말미암아 연약한 부분들이 무너질 때, 거듭 되풀이되고 있는 실수들의 순간을 나타내는 실망의 상징들이다.

기타 상황들

우선 마리에트는 창문 앞에 앉아 밤의 어둠 속을 살펴보며 동생의 귀가를 기다리고 있다. 다른 날 저녁에도 그녀는 무릎을 꿇은 채 무엇인가를 보기 위해 컴컴한 구석, 같은 곳을 주시하며 듣기 위해 귀를 기울이고 있을 때가 잦았다.

그런 태도는 그녀가 평소에도 얼마나 다른 이들에 대해 마음을 열어놓고 있었는가를 보여 주는 것이다. 그리고 우리는 밤의 어둠 속에서도 성모 마리아와 그분의 아들 예수님을 받아들일 수 있다는 것을 나타내는 것이다.

동정녀께서 마리에트에게 손짓을 하신 사실은 매우 특이하다. 밖으로 나오라고 초대하시는 손짓이었다. 때는 휴식하는 시간, 밤이었고, 그것도 강추위의 겨울밤이었다. 부르심은 강력했고, 기다렸던 응답은 기쁨의 몫이 아니었다. 올바른 판단력은 별로 이성적이지 않아 보이는 모험과 상반되고 있었다. 자신의 문을 열어놓고 있으려면 우선 자기의 마음부터 열어 두어야 한다. "문을 잠그시면, 나는 창문을 뛰어 넘어갈 거예요."라고 마리에트는 말했다.

첫번째 발현 때, 마리에트는 어머니가 출입문을 열쇠로 잠근 것에 대해 항의했다. 그 어둠은 발현의 끝을 나타내고 있다.

세 번 반복해서, 샘으로 걸어가려 했으나 끝까지 가지는 못했다. 장애물들이 가는 것을 방해한 것이다. 잠긴 문, 소녀의 실신, 동정녀의 징표를 기다리고 있던 자맹 신부의 이름으로 제기된 질문은 모두 장애물이었다. 그 같은 신앙의 부족 앞에서, 동정녀께서는 계획하셨던 것을 포기하신 채 정원을 떠나 버리신다. 신앙의 부족은 샘을 활용하지 못하고 방치해 두게 한 것이다.

동정녀의 방문들은 규칙적이지 않다. 발현 중단은 현장 입회자들을 실망시키고 있다. 그것은 어린 소녀에게도 큰 시련이 되었다. 종종 혼자 열심히 기도하며 끈기 있게 지키고 있어야 하는 시련이었다. 마리에트는 밤을 새워 기도했다.

동정녀는 오실 때나 떠나실 때, 하늘에서 수직으로 내려오시지 않는다. 나무들을 스치고 두 그루의 큰 전나무 사이 위로 지나가신다. 그분은 고통으로 신음하고 있는 어린이들을 만나러 땅 주위로 길을 계속해 가신다.

바뇌의 기장으로 장식된 3개의 흰색 원형 포석들은 마리에트가 샘을 향해 동정녀를 따라가며 무릎을 꿇기 위해 멈추었던 곳을 표시하고 있다. 발현 당시 마리에트가 네 번 그 길을 따라 걸었고, 항상 같은 장소에서 멈추곤 했다. 그 반복된 멈춤은 우리가 그리스도께로 인도되는 길에서 넘어지고 실망하는 모습을 상징하고 있다.

메시지

동정녀는 무척 조용하셨고, 아주 조금밖에 말씀하지 않으셨다. 질문에 대답하시는 것으로 만족하셨다. 메시지는 절도 있고 평화롭다. 단죄하는 내용도 없고, 비난하거나 위협하는 내용도 없다. 마리에트 자신이나 세상을 위한 메시지 그 이상은 없다. 반대로 동정녀는 잔잔한 웃음으로 용기를 북돋워 주시고 힘을 내어 주신다.

두 번째 발현에서, 가난한 이들의 동정녀께서는 "물 속에 두 손을 밀어 넣어라." 하고 마리에트에게 말씀하셨다. 마리에트의 뒤를 따라, 오늘의 순례객들은 발현 소성당을 떠나 그녀가 무릎을 꿇기 위해 멈추었던 곳의 표시인 세 개의 원형 포석들이 박혀 있는 길을 따라 걸어간다. 순례객들은 물 속에 두 손을 잠그는 참여의 몸짓을 하러 샘가로 가는 것이다.

가난한 이들의 동정녀

그분이 자신을 소개하시는 방식은 의외이다. 자신을 '어머니' 또는 '여왕'으로 소개하지 않고 '부인'으로 소개하지도 않으신다. 그분은 자신을 '가난한 이들의 동정녀'라고 소개하신다. 그분은 당신의 아들 예수님이 가난한 이들은 행복하다고 선포하시기 전부터 이미 '가난한 영혼'을 가지고 생활해 오셨던 분으로서 가난한 이들의 서열에 들어 계신다. 동정녀는 성서에 '하느님의 가난한 사람들'이라 부르는 사람들, 즉 모든 지상적인 것에서 가난하지만 하느님으로 부유한 사람들 중에 한 분이시다. 그분은 바뇌의 가난한 사람들을 조용히 방문해 주신 것이다.

동정녀는 작은 소성당을 지어 달라고 요구하신다. 소박하고 조용한 소성당, 그분을 만나고 싶어하는 가난한 이들을 위한 만남의 자리가 될 소성당을 원하신다.

사실 많은 사람들이 너무 큰 대성당에 가기를 망설이거나 큰 무리가 운집한 장소에 가기를 불편해하고 있다. 그런 사람들은 항상 열려 있는 이 아케이드형 소성당 안에서 아늑한 신뢰감을 맛볼 수 있을 것이다.

참여로 부르심

동정녀는 이해를 돕기 위해 그 지역 사투리를 쓰셨다. (손을) '담그다'라는 동사를 쓰지 않으시고 '밀어넣다'(tchouki)라는 동사를 쓰셨다. 즉 "물 속에 네 두 손을 밀어넣어라." 하고 말씀하셨다. 그것은 행동과 참여의 초대이다. 마리에트는 그렇게 하기로 결심했고, 훗날 그녀는 이렇게 말했다.

"그분이 아마 저더러 불 속에 뛰어들라고 하셨어도 그렇게 했을 거예요!"

마리에트는 자신에게 요구된 것을 이행했다. 온 정성을 다해, 손에 쥐고 있던 묵주가 물 밑으로 미끄러져 나갈 정도로 두 손을 활짝 펴고 물 속에 깊숙이 밀어넣었다. 물 속에 손을 담그는 행위는 의미 있는 것이다. 예수님에 관한 인식에 만족이 있을 수 없고 예수님이 우리 가운데 계신다는 생각을 인정하는 데에도 만족이 있을 수 없다. 다만 그분이 우리를 기다리고 계신 그곳에서 구체적인 만남을 통해, 즉 그분의 '말씀'과 성사들을 통해 사적으로 만나 뵈어야 한다. 구원으로 들어가게 하는 그리스도인의 삶은 교의에 대한 인식에 그치지 않고 행동으로 하는 참여가 있어야 한다. 그분을 찾아 길을 나서지 않고 그분이 누구신지 알아보기만 한다면 아무 소용 없는 것이다. 우선 자기 자신으로부터 나와야 한다.

자맹 신부는 신중한 성격이었다. 첫번째 발현이 있기 15일 전, 그는 1932년 11월 29일부터 1933년 1월 3일까지, 동정녀가 발현하셨던 보랭에 갔다. 그는 그곳 방문 후 망설이는 마음으로 돌아왔다. 그는 마리에트를 통해 징표를 보여 달라고 요구했다. 당시 동정녀의 대답은 그에게 보내는 것이었다. "나를 믿어라. 나도 너희를 믿겠다." 그 말씀은 자맹 신부로 하여금 마리에트에 대한 신뢰를 갖게 했다. 발현에 대한 신뢰는 물론이고 하느님과 동정녀 마리아께 대한 신뢰를 갖게 했다.

신앙으로 부르심

자맹 신부는 신중한 성격이었다. 그는 1932년 11월 29일부터 1933년 1월 3일까지 보랭에서 일어났던 사건들을 가까이서 지켜보았다. 그래서 바뇌의 발현이 시작되기 15일 전 보랭에도 갔다. 하지만 망설이는 마음으로 돌아왔다. 그는 신앙을 잃고 자살까지 했던 한 사제와 절친한 사이였다. 그의 신앙도 흔들리고 있었다. 그는 마리에트를 통해 자신의 신앙을 강화할 생각으로 동정녀께 징표를 보여 달라고 했던 것이다. 동정녀께서는 "나를 믿어라, 나도 너를 믿을 것이다." 하고 대답하셨다. 마리에트는 그 말씀이 자기에게 해당되는 것이 아니라는 것을 감지했다. 1961년 3월 2일 사망한 자맹 신부는 자신이 사적으로 표적이 되었다는 것을 느꼈고, 그를 통해 자기 동료들 가운데 누군가도 표적이 되었음을 느꼈다고 여러 번 말했다. 그러한 그의 대답은 발현과 관련하여 마리에트에 대해 신뢰를 갖게 했을 뿐 아니라 하느님께 대해, 마

리아께 대해 신뢰를 갖게 해주었다. 그는 하느님과 예수님, 마리아의 손에 온전히 자기를 봉헌하는 자녀의 영혼이 무엇인가를 재발견했던 것이다.

모든 민족과 환자들

샘은 그리스도의 모상이다. 마리아께서 는 믿음을 가지고 하느님의 말씀을 들으시며 성령의 활동에 순명으로 받아들이셨던 예수님께 우리를 인도하신다. 동정녀께서 성령의 작용으로 잉태하셨고, '말씀'이 그분 안에 몸을 취하시어 사람이 되셨다. 동정녀께서는 우리로 하여금 그분의 아드님, 우리 구원의 은총이신 예수

동정녀께서는 이 샘이 환자들에게 힘이 되어 주기를 바라신다. 예수님도 친히 이렇게 말씀하시며 초대하셨다.
"고생하며 무거운 짐을 지고 허덕이는 사람은 다 나에게로 오너라. 내가 편히 쉬게 하리라."(마태 11, 28)
예수님처럼 마리아께서도 이렇게 표명하신다.
"나는 고통을 덜어 주러 왔다."
이 세상은 고통으로 가득 차 있다.

님을 우리 마음 안에 받아들이는 준비를 도와 주실 것이다. '이 샘을 보존하시는' 그분은 거기에 찾아오는 모든 사람에게 그 자리에서 도움을 주실 것이라고 예고하신다. 그리고 모든 나라에서 많은 사람들이 찾아오기를 바라신다. 아주 신속하게, 바뇌의 진상들은 국제적으로 반향을 불러일으켰다. 2차에 걸쳐 세계 대전을 겪었던 금세기에 모든 나라는 고통을 당해야 했다. 동정녀 마리아께서는 온 세상에 퍼져 있는 당신 자녀들을 걱정하고 계신다. 그리고 병든 인류 앞에 오셨던 당신의 아드님처럼 인간들의 고통에 연민을 갖고 계신다.

바뇌 순례 센터는 나름대로 가난한 이들의 동정녀의 메시지를 모든 나라에 알리는 사명감을 의식하고 있다. 따라서 가난한 이들의 동정녀의 성상을 온 세계에 보내 주고 있다. 발현 소성당을 모델로 한 성당들이 여러 나라에 건축되어 있다.

우리가 살고 있는 이 세상을 '눈물의 계곡'으로 간주한 기도문에 충격을 받는다는 사람도 있다. 물론 우리는 훌륭한 피조물들을 보며 하느님을 찬미하는 것을 잊지 말아야 하고, 삶의 기쁨을 위해 그분께 감사드려야 한다.

그러나 오늘의 세계 뉴스에 좀 관심을 기울여 보고, 몇몇 병원을 돌아보고, 성지에 오는 환자들의 행렬만 보아도 이 세상에 얼마나 많은 비참과 눈물이 있는가를 쉽게 짐작할 수 있다. 동정녀의 원의에 응하고 있는, 바뇌 성지의 책임자들은 이곳에서 특별히 배려하고 있는 진정한 환자 사목에 큰 비중을 두고 있다. 환자들 주위의 사람들은 환자들의 고통을 덜어 주시는 동정녀의 성의를 실현하는 위로와 형제적인 동반을 보장해 주고 있다.

구세주의 어머니, 하느님의 어머니

동정녀께서는 자신의 가장 고귀한 칭호들에 대해 마지막 발현 때에 비로소 말씀해 주신다.

"나는 구세주의 어머니, 하느님의 어머니이다."

'구세주의 어머니'라는 첫번째 칭호는 천사가 마리아께 나타나 예고했던 말을 상기시킨다. 즉 천사가 말하기를 마리아는 아들을 잉태할 것이며 그에게 '하느님이 구원하신다.'라는 의미를 나타내는 '예수'라고 이름지어 주라고 했다. 성탄 전야 천사들이 목자들에게 말했다.

"오늘 밤 너희의 구세주께서 다윗의 고을에 나셨다."(루가 2, 11)

구세주, 그분은 그리스도이시고 주님이시다. 예수님의 사명은 인류를 아버지와 화해시킴으로써 인류를 구원하는 것이다. 그분의 어머니이신 마리아는 세상의 구원 사업에 나름대로 동참하시기 위해 예수님의 생애 처음부터 끝까지 참여하셨다. 마리아께서는 오늘도 그분의 활동을 계속하고 계시며, 우리로 하여금 예수님께로부터 오는 구원의 은총 안에 들어가도록 중재하고 계신다.

'하느님의 어머니'라는 칭호에서, 동정녀께서는 우리가 그분께 드리는 가장 영광스러운 칭호, 예를 들면 삼종기도에서 드리는 그 표현을 인용하신다. 이 칭호는 431년 에페소 공의회에서 인정되었다. 에페소 공의회는 예수님에 관한 교의적 논쟁에 종지부를 찍었다. 즉 예수님은 하느님인 동시에 인간이심을 선포했다.

에페소의 상징은 그리스도의 두 본성, 즉 신성(神性)과 인성(人性)은 그분 안에 혼동 없이 일치되어 있다고 확인했고, 그 즉시 마리아는 진실로 '하느님의 어머니'라고 말할 수 있게 되었다.

피조물로서 마리아는 하느님보다 무한히 열등하시지만 하느님의 어머니로서 마리아는 모든 다른 피조물들 중에서 으뜸이시다. 우리는 이제 아주 강력한 그분의 중재를 기대할 수 있게 되었다. 성모 마리아는 당신의 아드님께 청하는 모든 사람을 위해 많은 것을 할 수 있다.

세 번 반복해서, 동정녀께서는 '많이 기도하라'고 명령처럼 말씀하셨다. 그분은 우리가 신약성서에서 읽어 볼 수 있는 간절한 당부들을 되풀이하신 것이다.

"깨어 계속 기도하라."

"쉬지 말고 기도하라."

우리는 게으름 피우지 않고 항상 기도해야 한다는 것을 알고 있으면서도 그렇게 하지 못하고 있다. 그래서 그분의 조언은 더욱 강해진다.

"많이 기도하라."

1934년 9월 24일 제막된 국제 기도 연합회 기념비

마리에트

의 혹

바뇌 성지에 대한 회의적인 부분은 마리에트가 수녀가 되지 않은 것을 이해하지 못하는 데서 비롯하고 있다. 사람들은 그의 결혼을 이내 못마땅해했다. 그 외에도 여러 면에서 그를 비난했는데, 그것은 발현 직후부터 계속되었다. 네 번째 발현이 있은 다음 3주 동안 아무 일도 일어나지 않았다는 것은 모두 잘 알고 있는 사실이다. 그때 대중들의 호기심이 떨어졌을 뿐 아니라 아무도 발현에 대해 믿으려 하지 않았다. 그로부터 마리에트에게는 고통스러운 시련이 시작되었다. 그는 그 마을의 조롱거리가 되고 있었다. 그는 학대를 받기도 했다.

그후, 그는 압력의 제물, 의혹의 제물, 고의적 비난의 제물, 중상과 악의의 제물이 되었다. 사람들은 그의 사생활을 침해했다. 배반했다며 그를 비난했다.

하지만 마리에트는 한 번도 메시지를 배반한 적이 없다. 그 메시지를 부인해 본 적도 없다. 그는 메시지들을 미화하지 않고 그대로 전달했을 뿐이다. 게다가 상상력까지 상실했다. 그는 자신의 역할을 벗어나 본 적이 없다. 자신을 미화시키거나 자신에게 이익이 되는 것을 생각해 본 적이 없다. 그는 다음과 같이 선언했다.

"나는 내가 전해야 할 말을 다했습니다. 더 보탤 말도 없고 뺄 말도 없습니다."

그는 특히 동정녀께서 남겨 주신 비밀들을 듣고 싶어하는 모든 사람에 대해 실망했다.

제 시

예견자를 좀더 알아두는 것이 좋을 것이다. 그럼으로써 진상들과 메시지에 대한 믿음이 강화될 수 있을 것이다. 그 믿음은 바뇌의 은총을 받아들이는 데 촉진제 역할을 해주게 될 것이다.

마리에트는 대가족의 맏딸로 태어났다. 어머니를 돕는 일에 항상 적극적이었다. 부엌일, 빨래하기, 건초 다루기, 동생들 돌보기, 우유 짜기 등 많은 가사를 도왔다. 그는 아주 튼튼한 건강을 누렸고 현실 감각도 뚜렷했다. 솔직하고 정직한 그는 남의 호의를 사기 위해 일부러 노력

마리에트가 결혼한 것에 대해 비난이 많았다. 그런 비난은 그의 사생활을 침해했다. 또 그에 대한 중상모략도 있었다. 말하자면 루르드의 예견자 베르나데타 수비루가 따랐던 길을 마리에트도 따라 주기를 바랐기 때문이다. 그녀를 수녀들이 사는 집에도 보내 보았지만 어울리지 못했다. 바뇌 성지에 대한 회의적인 부분은 마리에트가 수녀가 되지 않은 데서 비롯하고 있다.

하지 않는 형이었다. 발현이 있기 전에는 기도도 하지 않았다. 발현을 직접 목격했다고 해서 그러한 그의 본성을 바꾸어 놓은 것이 아니었다. 그는 일부러 꾸미기를 싫어하며 이렇게 말했다.

"저는 기도하고 있습니다. 하지만 그런 모습을 남에게 보이고 싶지 않습니다."

증언

법학 박사이며 리에즈 변호사회 소속 변호사인 아망 제라르댕(Amand Gérardin)의 말을 들어 보자. 바뇌의 사건들이 일어났을 당시, 그는 22세였고 아주 가까이서 그 진상들을 지켜 본 사람이다. 그는 자맹 신부 다음, 처음으로 마리에트를 만났던 사람이기도 하다. 1933년, 「바뇌의 진상」(Faits de Banneux)이라는 간략한 소개 책자에 이어서 같은 해에 「바뇌, 복음의 페이지」(Banneux, page d'Evangile)를 집필했다. 그리고 1947년에는 발현들에 관한 첫 번째 저서인 「바뇌의 성모」(Notre-Dame de Banneux)를 출판했다.

「가난한 이들의 동정녀」(La Vierge des Pauvres) 잡지 1996년 1-2월호에 그는 다음과 같은 마리에트에 관한 증언을 실었다.

"그녀는 별로 교육을 받지 못한 가난한 가정의 어린 소녀가 할 수 있는 정상적인 태도를 보였으나 매우 지적인 아이였다. 본당 신부도 처음에는 마리에트에 대해 비방하는 다른 사람들처럼 실수를 범했으나 그의 주교를 통해 지지를 얻었다.

사람들은 마리에트도 될 수 있으면 루르드의 베르나데타와 같이 수도자의 길을 가기를 소망했다. 그래서 그녀를 수녀원에 보내 보기도 했다. 하지만 그녀는 어울리지 못했다."

"사실, 마리에트는 인생에서 불행을 겪은 가난한 어린 소녀의 태도를 보였으므로 더욱 나에게 계속 확신을 심어주었다. 그녀는 이혼으로 많은 고통을 받을 것이다."

"마리에트는 사람들이 회유시킬 수 있는 그런 소녀는 분명히 아니었다. 오히려 그 반대였다. 나는 그 소녀를 안심시켜야만 했다. 그녀는 어렵게 프랑스어로 표현했다. 그녀는 발론어(Wallon)를 사용하고 있었다. 그래서 동정녀의 말씀들 중 잘 이해할 수 없는 단어들, 즉 'soulager'(덜어 주다), 'nations'(나라들)을 설명해 달라고 나에게 요청했다. 그녀는 매우 순진했다. 전혀 누구를 설득시키려 노력해 보지도 않았다. 마리에트는 종종 자기가 이해하지 못한 몸짓이나 단어들, 어린아이에게는 백 번 어려운 표현들이었고 복음적인 영감에서 나온 듯한 단어들을 평온한

태도로 그대로 전달했다. 만일 어떤 어린이가 베토벤의 멜로디를 노래한다면, 누가 감히 그 아이의 작곡으로 간주하겠는가?"

"리에즈 교구에서, 대다수의 성직자들이 마리에트를 신뢰하게 되기까지는 많은 시간이 필요했다. 반 줄랭 주교도 전임 주교처럼 마리에트에 대해 신뢰하고 있었다. 그도 마리에트를 지지했다. 나의 경우, 사실 마리에트의 됨됨이를 무척 좋아했으나 그녀가 불행하게 될까 봐 걱정스러웠다. 내가 그녀를 다시 본 것은 단 한 번뿐이었다. 법적인 면에서 조언을 의뢰하기 위해 마리에트 쪽에서 나를 불렀을 때였다. 그날 그녀는 나에게 다음과 같이 말했다. '만일 내가 고통받을 그 모든 것을 미리 알았더라면, 아마 그렇게 다 털어놓지 않았을지도 몰라요.' 그녀는 항상 진심으로 믿었고, 자신이 이야기했던 모든 것에 대해 확신하고 있었다."

"사람들이 이해하지 못한 점, 나는 다만 동정녀께 편지를 전해 받은 배달부로서 내가 받은 편지를 전달했을 뿐, 그것으로 끝났던 거예요."

"그녀는 항상 뒷전으로 물러나 있으려 했다. 교황님이 방문하셨을 때도 마찬가지였다. 그녀는 장애자들, 환자들과 함께 서로 잘 모르는 군중 속에 끼여 있기를 원했다."

성지 본부 책임자들은 교황의 방문 때, 마리에트가 사람들 눈에 띄지 않게 조용히 제의실에서 교황을 만났던 것을 알고 있다. 그리고 그녀는 장애자들의 자리로 가서 맹인 사이에 숨어 있었다. 다시 아망 제라댕의 증언을 계속 들어 보기로 하자.

"자맹 신부는 항상 마리에트에 대해 특별한 애정을 가지고 있었다. 하지만 마리에트가 베르나데타와 같지 않다는 것을 간파하기까지는 시간이 걸렸다. 정말 그는 마리에트에 대해 아주 많은 존경심을 가지고 있었다."

"개인적으로, 발현들은 나에게 깊은 감명을 주었다. 항상 긍정적인 면에서."

"내가 마리에트를 만나 본 그 순간부터, 나는 한 번도 의심해 본 적이 없다. 그 만남은 나의 신앙과 나의 가정생활을 풍요롭게 해주었다. 사실 나는 평소에 현시들이나 기적 같은 것을 쉽게 믿지 않는 사람이다."

1933년 당시 베코 가정에는 7명의 자녀가 있었다. 그후 11명으로 불어났다. 마리에트는 대가족의 맏딸이었다. 그는 부엌일, 빨래하기, 건초 다루기, 동생들 돌보기, 우유 짜기 등 많은 일을 했다. 그의 나이는 11살이었다. 그 조건에서, 보통 가정에서는 아침에 할 일이 많다. 그것은 왜 그가 아침 미사와 교리반에 나가지 않았는가를 설명해 주기도 한다.

마리아 성지

발현 당시에는 몇몇 사람들만이 마리에트를 동반했다. 그러나 차츰 많은 군중들이 바뇌로 몰려들었다. 순례지는 비약적으로 신속하게 발전했다. 매일 저녁, 여러 발현 장소에서는 묵주기도 소리가 울려 퍼지고 있었다.

발현 소성당

동정녀께서 원하신 소성당을 건립하기 위해 자맹 신부를 중심으로 연합회가 구성되었다. 교구 주교는 발현이 있었던 정원 안에 소성당을 짓는 데 아무 무리가 없다고 보았다. 그리하여 1933년 8월 15일 6만 명이 운집한 가운데 소성당을 위한 기공식이 거행되었다. 소성당의 건축 양식은 후일 건축사가 결정할 것이었다. 본국에서 채집된 돌로 지어진 소성당은 바람과 추위로부터 보호하기 위해 슬레이트로 된 큰 뾰족 지붕으로 씌워져 있다.

발현 소성당 안, 동정녀께서 발현하셨던 자리는 쉬에 신부(P. Scheuer)가 구상한

연대 기록표로 새겨진 흰색의 모자이크 작품으로 표시되어 있다.

"HUC VenIens, VoLUIt MatrIs reCLUDere peCtUs."

번역하면 다음과 같다.

"그분은 여기에 오시면서 당신 어머니의 마음을 열어 주시기를 원하셨다."

샘으로 가는 길, 마리에트가 매번 무릎을 꿇었던 자리에는 재생된 바뇌 기장인 흰색의 원형 안표의 포석들로 표시되어 있다.

국제 기도 연합회

1933년 12월 8일부터 '국제 기도 연합회'가 결성되었고, 그 즉시부터 많은 가입자들의 호응을 받았다. 이 연합회는 바뇌의 일상적인 기도에 연합하는 것이다. 1934년 9월 24일, 리에즈 주교는 자신도 이미 가입했던 이 연합회를 공적으로 승인했다. 1935년 5월, 이 연합회는 10만 명의 회원들을 집합시키고 연합회 기장을 홍보했다. 20년 후, 세계 각국에서 찾아온 회원들만도 2백만 명을 넘어섰다.

'성모 방문'의 광장 성당

발현 소성당은 너무 협소했지만 순례객들이 많이 찾아왔다. 그래서 인근에 광장 성당을 마련했고, 이 성당은 1937년부터 사용되고 있다.

현재 광장 성당에는 성모 찬가 마니피캇 제대가 높이 드리워져 굽어보게 되어 있다. 양편에 철로 된 두 필의 말이 헌정되었는데, 그 하나는 '가난하신 부인'을 사랑했던 아시시의 프란치스코 성인에게 헌정되었고, 다른 하나는 묵주기도의 주창자인 성 도미니코에게 헌정되었다. 그리고 광장 성당 양편에는 두 개의 큰 성당이, 즉 '메시지'의 성당과 아시시의 성 프란치스코 성당이 평행을 이루고 있다.

자맹 신부는 바실리크 대성당을 건축하는 것이 꿈이었다. 그 목적으로 연합회가 창설되었고, 1947년 교구장이 와서 첫 주춧돌을 놓아 기공식을 집전했다. 그러나 얼마 후, 옥외에 1만 명을 수용할 수 있는 광장 성당을 중심으로 여러 건축물들을 짓기 위해 그 계획은 취소되었다.

샘

샘물의 유출량은 현저하게 증가되고 있다. 이 샘은 겨울에 저장해 두기 위해 끌어 왔던 것이다. 오늘날 순례객들이 손을 담글 수 있게 만들어 놓은 큰 수반은 1958년 설치되었다. 그 옆에 나란히 설치되어 있는 수도꼭지들은 샘물 수급을 용이하게 돕고 있다. 샘의 상징은 제대의 궁형으로 된 창문 위에서 읽어 볼 수 있는 연대표를 상기시키고 있다.

"Fons UnUs ChrIstUs JesUs hUnC aLMa reCLUDIt."

번역하면 "예수 그리스도는 유일하신 샘으로서 동정녀께서 우리에게 그 입구를 열어 주고 계신다."이다.

가난한 이들의 동정녀 성당

가난한 이들의 동정녀 성당은 5천 명의 순례객들을 수용할 수 있는 대성당으로서 1984년 문을 열었다. 그 외형은 거대한 천막을 연상시키고 있는데, 그것은 성서에 언급되어 있는 만남의 장소, 장막을 암시한다. 구약의 장막은 여행중에 있는 하느님의 백성을 위한 조립식으로서 그곳에서 하느님을 만났다.

가난한 이들의 동정녀 성당

순례의 여정

바뇌를 찾아오는 사람은 성지 안에서 작은 순례를 하게 되어 있다. 마리아님께서 우리를 거기에 초대하고 계신다. 이 작은 순례는 우리 삶의 모습을 그리고 있다. 거기에서 우리는 우리 실존에서 살아가는 삶을 축소판으로 실현해 볼 수 있다.

마리아님께서 우리에게 이렇게 말씀하신다.

"우선 내가 원했고, 어린 마리에트가 나를 보았던 그 자리에 세워진 소성당 앞에 앉아 조배하는 것부터 시작하라.

그러면 가난한 이들의 동정녀인 내가 친히 와 줄 것이다. 그리고 너희 각자의 손을 잡고 100미터 짧은 순례 거리에 있는 샘까지 인도해 줄 것이다.

어린 소녀는 너희보다 앞서 이 길을 네 번 걸어갔다. 아이들은 언제나 우리를 앞지르고 있고, 그들은 우리의 안내자들이기 때문이다.

길에는 작은 예견자가 매번 무릎을 꿇었던 자리를 표시하는 세 개의 흰색 석판들이 놓여 있다. 그 아이는 왜 그렇게 하는지 전혀 모르면서도 그렇게 했다.

이제 너희는 그 이유를 알고 있다. 그것은 너희 생애의 십자가의 길에서 세 번 넘어지는 것을 의미한다. 삶이 너희를 넘어뜨릴 때, 너희 몸이나 너희 영혼 안에 너희를 쓰러뜨릴 때를 의미한다. 샘으로 가는 길을 걸으며 너희는 지난 과거의 모든 삶을 기억하라. 그 세 개의 흰색 석판들을 그냥 지나칠 수는 없을 것이다.

그렇다고 거기에서 지체하지도 말아라. 샘은 그보다 훨씬 중요하기 때문이다.

물 속에 너의 두 손을 담가라. 그것은 겸손과 순명의 행위요, 신뢰와 포기의 행위이다.

샘은 순례 여정 중간에 있다. 좀더 멀리 가면 성당이 있고, 그 안에서는 성사들이 이루어지고 있으니 성사들은 부활의 진정한 샘이요, 너를 치유해 주고 너에게 영원한 생명을 주는 살아 있는 물이기 때문이다."

단넬스 추기경(Card. Danneels)

∽

환자들의 부모와 친구 여러분,

당신들은 예수님께 환자들을 데려갔던 성서에 나온 사람들과 똑같습니다.

나는 여러분이 모든 사랑의 수단을 동원하여 펼치고 있는 그 너그럽고 신중한 환자 동반을 도와 주시도록 주님께 기도합니다. 환자 동반은 환자의 기도를 나누어 주고, 그를 위해 영적 지원을 해 줄 다른 사람들, 사제나 부제, 수도자, 평신도 친구 또는 환자들의 사목 봉사를 담당한 사람을 찾아 주는 일까지 해줄 수 있을 것입니다. 그러한 사목 봉사는 사실 우리 그리스도 공동체에 부과된 우선적인 활동입니다.

하지만 더 넓은 의미에서 볼 때, 환자들은 본당 생활에도 함께 있어야 합니다. 환자들이 그들 나름대로, 그들의 가능성을 통해 공동체의 기도를 나누고 함께할 수 있도록 최선을 다하도록 합시다.

바뇌에서,
1985년 5월 21일
요한 바오로 2세 교황

배 지

배지는 그것을 사랑하는 이들의 가슴 위에서 빛나고 있다.

배지는 민족들의 구원을 위해 발현하신 공통된 '어머니'께 대한 기쁨의 상징이자 희망의 상징, 신앙의 상징처럼 수십 명, 수천 명의 신심가들에 의해 착용되고 있다.

바뇌의 메시지는 모든 나라 민족들에게 보내는 것으로서 배지는 국제적이다. 배지는 아시아, 아프리카, 아메리카 등 전 세계에 널리 퍼져 있다. 그것은 가난한 이들의 동정녀께서 전해 주시는 완전한 은총을 의미한다.

새파란 하늘은 저 위를, 우리가 창조된 목적을 나타내는 영원한 행복을 나타내고 있다.

평화를 상징하는 파란색 위에 오각형으로 된 별이 하나 나타나 있는데, 이 오각형은 성모 마리아의 자비로운 우주 영역인 5대륙의 모습을 상징한다.

하늘에 떠 있는 별, 그 또한 발현을 기

념하는 것으로서 1933년 저녁, 바뇌 성모 성지에서 여덟 번 우리를 위해 발현하신 것을 상기시키고 있다.

별 밑에는, 작은 샘이 기적적인 방문을 받은 'Fange'(진창)에서 솟아나고 있다. 그것은 그리스도의 상징으로서 그분의 은총들이 인간들이 신음하고 있는 계곡으로 내려가기 위해 흘러 넘치고 있다.

1955년 3월 19일
바뇌 책임 신부
루이 마리 자맹

묵주기도 초대송

바뇌의 성모님,
구세주의 어머니이시고
하느님의 어머니이시며
가난한 이들의 동정녀시여,
저희가 당신을 믿으면
저희를 믿겠다 말씀하셨으니
저희도 진심으로 당신께 신뢰하나이다.

당신께 기도하라고 당부하셨으니
저희의 기도를 들어 주소서.
영적이고 현세적인 모든 비참을 불쌍히 여기소서.
죄인들에게는 믿음의 보화를 돌려 주시고
가난한 이들에게는 일용할 양식을 주소서.

환자들을 위로해 주시고
그들의 고통을 덜어 주시며
저희를 위해 기도해 주소서.
당신의 중재로써 왕이신 그리스도의 나라가 모든 나라에 널리 전파되게 하소서. 아멘.

가난한 이들의 동정녀시여,
저희를 위해 기도해 주소서.(3번)
가난한 이들의 동정녀시여,
국제 기도 연합회의 모든 회원들을 위해 기도해 주소서.

간청 기도

가난한 이들의 동정녀시여,
은총의 샘이신 예수님께
저희를 인도해 주소서.

모든 나라들을 구원하소서.
환자들의 고통을 덜어 주소서.
고통을 덜어 주소서.
저희 각자를 위해 기도해 주소서.
저희는 당신을 믿나이다.
저희를 믿어 주소서.
저희는 많이 기도하겠나이다.
저희에게 강복하소서.
구세주의 어머니, 하느님의 어머니,
진심으로 감사드립니다!

환자들과 가난한 이들

파브 성곽.

환자들을 위해 샘을 보존하셨던 동정녀의 원의에 부응하기 위해, 환자들을 맞이하고 숙박시켜야 했다. 발현 장소에서 1킬로미터 떨어진 곳에 있는 이 성곽은 '가난한 이들의 동정녀의 집'이라는 명칭 아래 숙박소로 개축되었다. 성빈센트 드 폴 수녀회의 수녀들이 1934년부터 환자들을 위해 봉사하고 있으며, 이 집은 83개의 침대를 갖추고 있다. '환자들의 숙소'가 시작된 것이다.

1938년, 200개의 침대를 갖춘 또 다른 **숙박소**가 발현 소성당 부근에 신축되었다. 그러나 제2차 세계 대전으로 말미암아 내부 시설이 지연되었다. 전쟁 동안 바뇌는 실제로 전쟁으로 헐벗은 사람을 위한 영접의 중심지가 되었다. '파브의 성곽'과 숙박소는 리에즈 지역에 있는 가정의 어린이들을 돌보는 곳으로 사용되었으며, 그들 중에는 100여 명의 유다 어린이들이 있었다. 이 어린이들의 피신을 도와 준 장본인인 변호사 반 덴 베르그(M. Van Den Berg)씨는 배신을 당했고, 독일로 끌려가 사망했다. 그를 기억하는 기념물이 리에즈 유다인 공동체에 의해 성곽 앞 길가에 세워져 있다. 1997년 9월 17일, 이스라엘 정부 당국이 사후 칭호로서 '국가들의 의인'이라는 칭호를 그에게 부여했다.

1993년 새로운 시설물들이 숙박소로 사용할 수 있도록 건축되었다.

여러 수용 시설물들이 순례객들에게 봉사하기 위해 대기하고 있다. 더 많은 정보를 필요로 한다면, 이 책자 후면에 나와 있는 사무실로 문의할 수 있다.

가난한 이들의 동정녀 집(Le Foyer de la Vierge des Pauvres)은 알코올 중독 문제가

숙박소(Hospitalité). 왼편 건물들은 1938년 개원되었고, 오른편 건물들은 1993년 개원됨.

있는 사람들을 수용하고 있다.

S.O.S.임마누엘 입양원(S.O.S. Emmanuel Adoption)은 선천적 장애아들과 부모들에게 버림받은 어린이들의 입양을 알선하고 있다.

'마리아 성지' 인근에는 노인들을 수용하는 교회 시설물들이 있다. 즉 여러 휴양소들로서 가난한 이들의 동정녀 집(Homme de la Vierge des Pauvres)과 성모 영접의 집(Accueil Notre-Dame)이 있다.

숙박소의 '성삼일' 기도 모임

"샘은 환자들을 위해 마련되었다."고 말씀하셨던 동정녀의 발현 이래, 바뇌에는 환자들의 행렬이 끊이지 않고 있다.

숙박소에서, 30회의 '성삼일' 기도 모임이 4월 15일부터 10월 말까지 조직되어 있다.

세티퐁텐느 센터.
환자들과 동행인이 딸린 장애인들 전용.

포베렐로(Le Poverello)는 다른 장소에 갈 수 없는 단순 순례객들과 젊은이들을 수용하는 여관이다. 아울러 명상과 기도를 원하는 그룹들이 이용할 수 있다.

아시시의 성프란치스코 성당에서 환자들과 함께.

'성삼일' 기도 모임에는 보통 300 - 350명의 환자들과 동반자들이 명상, 묵상, 기도, 성사 생활에 참여하고 있다.

현재 이 '성삼일' 기도 모임에 참여하는 사람들은 대개 벨기에, 네델란드, 프랑스, 독일, 이탈리아, 영국 등지에서 오고 있으며, 기타 이민자들과 다른 조직체들에서도 오고 있다.

순례지의 삶

모든 순례철이 다가오면, 평일이나 주말 구별 없이 늘 기도와 전례 모임들로 채워진다.

고정된 시간에 하는 여러 전례 장소와 조직된 순례에 따른 다양한 시간표가 발현 소성당 건너편, 길가 게시판에 고시되어 있다.

주일 아침에 드리는 국제 미사는 모든 순례객들을 집결시키고 있다. 바뇌에는 많은 순례객들이 모일 수 있는 두 개의 성당, 즉 '광장 성당'과 '가난한 이들의 동정녀 성당'이 있다. 국제 미사는 가난한 이들의 성당에서 집전되고 있다.

매일 거행되는 미사는 프랑스어, 독일어, 네덜란드어로 수시로 거행되고 있다.

점심 후에는 기도 모임이 있는데 독일어, 네덜란드어, 프랑스어로 되어 있다. 이 기도 모임 중에 가난한 이들의 동정녀의 메시지가 소개되고 설명된다.

금요일을 제외한 매일 오후 3시에 순례객들을 위한 성체 현시와 환자들에게 주는 특별 강복이 있다.

동정녀께서는 세 번 되풀이하여 "많이 기도하라."고 호소하셨다. 발현이 있은 직후부터 매일 묵주기도가 시작되었다. 이 묵주기도는 오후 7시에 시작되고 있으나 실은 모든 시간, 하루 종일 지속되고 있는 셈이다. 바뇌에서 묵주기도가 중단된 적은 한번도 없다. 묵주 제1단은 대개 발현 소성당에서 드린다.

묵주 제2단은 샘으로 가는 길에서 걸어가며 드린다. 제3단을 드리는 동안 숲을 지나가게 되고, 이어서 발현 소성당으로 돌아오게 되어 있다.

바뇌가 제의한다

'마리아의 성지'는 당신이 바뇌의 은총을 받아들이도록 도와 주기 위해 봉사를 제의한다.

발현 소성당 옆, 나라들의 광장(Place des Nations)에 가면 안내소(Accueil-Info.)를 발견하게 될 것이다. 그 안내소에서는 바뇌에 관한 정보들과 유익한 안내 등 모든 것을 다 제공해 주고 있다. 꼭 부탁하고 싶은 기도 지향이 있으면 그 사무실에 부탁할 수 있다. 그 지향은 특히 매일 묵주기도 때 기억될 것이다. 또 거기에 미사 지향도 부탁할 수 있다. 만일 사무실 문이 닫혀 있으면 순례객들을 위한 총 비서실(Secrétariat général des Pèlerinages)에 부탁할 수 있거나 베코 집 뒤에 있는 사제관 Abri du curé에 부탁할 수 있다.

슬라이드를 통해 바뇌의 발현들과 메시지가 소개되고 있다. 슬라이드는 총 비

서실 옆에 있는 강당에서 상영되고 있다. 그곳은 발현 소성당이나 뒤편의 통로를 통해 들어갈 수 있다. 어린이들을 위한 슬라이드는 요청이 있을 때에만 상영된다.

베코 집 뒤에 있는 성요셉 담장 안에는 당신을 영접하기 위해, 당신의 말을 들어 주고 함께 기도하기 위해 사제들이 대기하고 있는 작은 방들이 마련되어 있다. **영접-들음**의 봉사를 하는 곳이다.

여러 명의 사제들이 성지 안내판에 지시되어 있는 여러 장소에서 화해의 성사를 주기 위해 순례객들에게 봉사하고 있다.

국제 기도 연합회(U. I. P.)는 1934년 9월 24일 창설되었다. 발현을 기억하는 기념비가 샘에서 가까운 곳에 설치되어 있다. 연합회의 회원은 일상적인 묵주기도를 통한 대지향, 즉 가난한 이들을 위하여, 고통받는 이들을 위하여, 국가간의 평화를 위하여, 성소자들을 위하여, 우주적인 선교를 위하여 드리는 기도 안에 상호 일치되고 있다. 또 바뇌에 와서 기도하는 순례객들이 부탁하는 기도 지향에도 동참하고 있다. 국제 기도 연합회의 모든 회원은 매일 저녁 최소한 성모송 한 번을 드려야 한다. 회원들은 연합회에 참여하고 있다는 것을 상기시켜 주는 배지를 달고 있다. 매월 1회, 회원들의 기도 지향을 위해 미사가 봉헌된다. 마찬가지로 1월 15일, 1차 발현 기념일에도 미사가 봉헌된다. 마지막 발현 기념일인 3월 2일 미사는 먼저 세상을 떠난 이들을 위해 드린다. 새 회원들의 등록은 정보 안내 사무실인 Accueil-Info.에서 할 수 있다. 또는 이 책의 끝부분에 있는 바뇌 주소를 통해 우편으로 등록할 수도 있다.

당신에게 제의하는 또 다른 기도 형식으로 '성체 조배'가 있다.

그리스도의 성체는 성지에 있는 모든 성당에 모셔져 있고, 발현 소성당에도 앞쪽 왼편 벽에 있는 감실에 모셔져 있다.

여러 성당들 중에서, 순례철에 24시간 성체가 현시되어 있는 성당은 독일의 주보인 성 미카엘에게 헌정된 소성당이다. 이 소성당은 독일 론도르프(Rhondorf)의 소성당과 똑같은 모델로 지어진 성당이다.

론도르프는 라인 강변에 위치한 마을로서 본(Bonn)에서 남쪽으로 약 20킬로미터 떨어진 곳에 위치, 드라센펠(Drachenfels) 아래에 있다. 그 마을은 독일 연방 총통이 된 콘라드 아데나워(Konrad Adenauer)의

가족이 살던 곳이다. 그곳 소성당에서는 전쟁 동안 모든 나라의 포로들과 모든 백성의 화해를 위한 묵주기도가 끊이지 않았다. 바뇌에 세워진 소성당은 1960년 9월 25일 축성되었다. 콘라드 아데나워의 아들인 아데나워 신부가 소성당 정초식 때 바뇌에 왔다. 그때 그 신부가 표현했던 기원은 우리의 기도 지향이 되고 있다.

"바뇌의 성모님은 온 세상에 발사되는 평화의 로켓의 거점이 되어야 합니다. 저는 이 성당에서 비인간화의 모든 희생자들과 새 세상을 건설하려는 모든 사람을 위해 끊임없이 기도를 올리기를 바랍니다."

성미카엘 소성당.

 성요셉 소성당에서 아주 가까운 곳에 색유리로 조명된 **십자가의 길**이 시작되고 있다. 십자가의 길은 보통 우리가 성당에서 볼 수 있는 14처 대신 16처로 되어 있다. 기도 도입 부분의 제1처는 그리스도의 '마지막 만찬'을 제시하고 있고, 마지막 16처는 부활하신 그리스도를 제시하는 것으로 마감하고 있다.

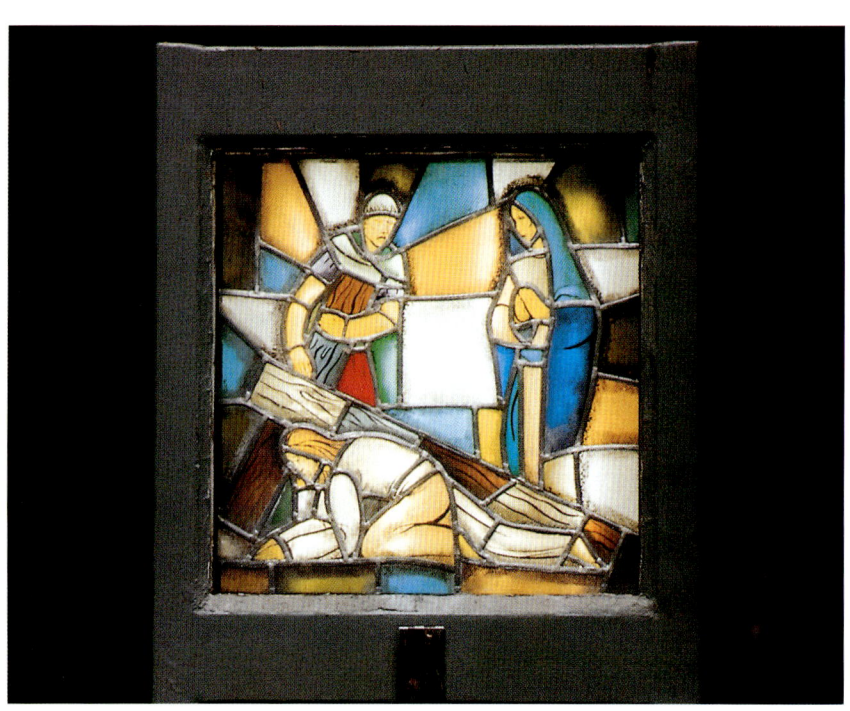

　선교관(Pavillon Missio)에서는 항상 선교에 관한 전시회가 열리고 있다. 그것은 주님이 교회에 위임하신 임무, 즉 모든 나라에 가서 복음을 선포하는 임무에 대한 의식의 구체적인 표지이다. 전시회는 복음화와 관련하여 온 세계 지역 교회를 통해 주관되고 있는 활동들을 나타내고 있다. 당신은 거기에서 여러 남쪽 나라 예술가들의 작품도 감상하게 될 것이다. 또 여러 나라 선교사들도 만나 보게 될 것이다.

'샤반'(Shabann: Shalom Banneux)은 젊은이들이 기도하고 명상의 시간을 갖기 위해 모이는 산장이다. 때로는 복음-캠프나 견진 피정 프로그램을 진행시키고 있다.

격월간 잡지인 「가난한 이들의 동정녀」(La Vierge des Pauvres)가 여러 나라 말로 간행되고 있는데, 이 잡지를 통해 바뇌의 '작품'이 가난한 이들의 동정녀의 메시지를 담아 온 세계에 홍보되고 있고, 성서와 전례 주기 축일들에 대한 묵상 자료들을 제의하고 기도문들을 제공함으로써 복음화에 참여하고 있으며, 가난한 이들의 동정녀를 위해 건립된 바뇌의 성지들과 다른 성지들의 소식들을 온 세계에 전파하고 있다. 이 잡지는 가난한 이들의 동정녀의 친구들 간에 융합을 다져 주고 시련을 겪고 있는 이들간에 친목을 돈독히 해주고 있다.

개인으로나 그룹으로 바뇌에서 기도 시간을 갖기 위해 며칠 동안 묵으려는 사람들을 위해서는 여러 다른 '영성 센터'들이 있다. 성 요한 공동체(Communauté St. Jean), 마테르 데이(Mater Dei), 마라나타 공동체(Communauté Maranatha), 카르푸르 회관(Carrefour), 성프란치스코의 집(Accueil St.

François) 등이다.

바뇌에 관한 모든 정보는 다음의 연락처로 문의할 수 있다.

Sanctuaire de la Vierge des Pauvres
Secrétariat général des pèlerinages
Rue de l'esplanade 57 B 4141 BANNEUX N. D.
Tél: 04 / 360. 02. 22. Fax: 04 / 360. 82. 39

또는

Secrétariat international
Rue des Fawes 62 B. 4141 Banneux N. D.
Tél: 04 / 360. 02. 02. Fax: 04 / 360. 02. 09

[BANNEUX 성지 지도]

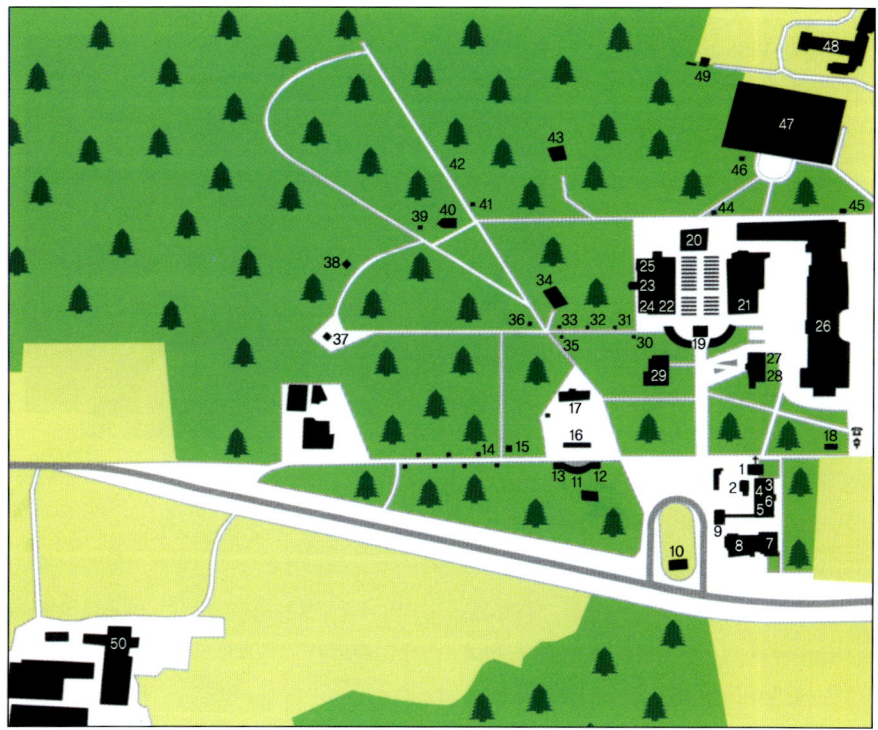

1. 성모 발현 소성당
2. 마리에트 베코가 살던 집
3. 제의실
4. 상담 예약소
5. 성체 소성당 - 고해소
6. 십자가의 소성당
7. 슬라이드 영상실
8. 사제관 및 총비서실
9. 성지 안내소 - 관광 사무실
10. 모든 민족들의 소성당
11. Kerkhofs 주교 기념관
12. 성녀 안나 상
13. 성모 방문의 성상
14. 성모칠고(聖母七苦)의 길
15. 국제기도연합 기념비
16. 성모님이 지정해 주신 샘
17. 몽포르의 성 그리니온 상
18. 성모님이 샘가로 가시며 세 번 머무르시고, 마리에트가 세 번 무릎 꿇고 기도했던 자리
19. 가난한 이들의 동정녀 바뇌의 성모상
20. 광장 성당
21. 아시시의 성 프란치스코 대성당
22. 바뇌 성모의 메시지 대성당
23. 중재자 마리아 대성당
24. 고해소
25. 제의실
26. 환자들의 병원 및 숙소
27. 성녀 베르나데트의 집 (간호사 숙소)
28. 화장실
29. 성 가밀로의 집 (봉사자들의 숙소)
30. 성 비오 신부 상
31. La Vang의 성모 상
32. Walsingham의 성모 상
33. 중국교회 기념비
34. 선교관
35. 성 베드로 율리아노 예마르 상
36. 예수 탄생 예고 소성당
37. 성 알퐁소 마리아 데 리구오리의 상
38. 성 이나시오 소성당
39. 일곱 종들의 소성당
40. 성 미카엘 소성당
41. 종탑
42. 십자가의 길
43. 오두막집
44. 성녀 베르나데트 상
45. 리지외의 성녀 데레사 상
46. 미소의 성모 상
47. 바뇌의 성모 대성당
48. Fagne의 성모 숙박 센터
49. 오두막집
50. Chaityfontaine 순례자 호텔

[연중 전례 시간 안내]

1. 하절기

1) 미사

① 주일미사	토요일 : 16시 / 주일 : 8시 30분, 11시 15분, 16시
② 국제적 미사	10시 30분
③ 가정주일 (매월 둘째 주일)	11시 15분 : 미사 후 수도원에서 점심식사 → 14시 30분 : 부모와 어린이들 프로그램 → 15시 30분 : 묵주의 기도, 가정 축복
④ 평일미사	월 ~ 토 8시, 11시 30분, 16시(토요일 제외)

2) **환자 축복 :** 매일 15시(금요일 제외)

3) **오솔길 기도 :** 순례객들의 요청에 따라

4) **성체조배 :** 성 미카엘 소성당에서 매일 → 8시 30분 ~ 17시 30분
   메시지 대성당에서 매 주일 → 17시 15분 : 저녁기도,
   17시 45분 ~ 18시 45분 : 성 요한 가족과 함께 조배

5) **고해성사 :** 매일(금요일 제외) → 중재자 마리아 대성당 주변 14시 ~ 16시
   주일 → 바뇌의 성모 대성당에서 15시 ~16시

6) **상담소 :** 고해성사 가능, 매일(금요일 제외) → 14시 ~ 17시

7) **묵주의 기도 :** 매일 저녁 19시

8) **발현 역사에 대한 영상 필름 상영 :** 매일(금요일 제외) → 14시 15분

2. 동절기

1) **주일미사 :** 하절기와 같음
2) **평일미사 :** 월 ~ 토 8시, 16시
3) **성체조배 :** 십자가의 소성당에서 24시간
4) **고해성사 :** 매일 → 10시 ~ 12시, 14시, 16시(사제관에 문의)
   토 ~ 주일 → 15시 ~ 16시 중재자 마리아 대성당 주변
5) **묵주의 기도 :** 매일 저녁 19시
6) **마리아의 기도 :** 주일 15시(순례객들의 요청으로도 가능)

※ 다른 전례는 순례객들의 요청으로 거행할 수 있다.

바뇌로 가려면...

자동차 편
고속 도로 Ardennes(E25) 방향으로 가다가 Sprimont(No. 45) 출구로 나온다.

고속도로 Liège-Aachen(E40) 방향으로 가다가 Spa-Verviers(E42) 방향 고속도로로 진입, Pepinster-Banneux(No. 5)출구로 나온다.

13분 거리.

참고: 당신이 출발하는 모든 역에서 정보를 얻을 수도 있다.

기차 또는 버스 편
정규 노선 버스로 Liège, Pépinster, Verviers, Aywaille, Trooz에서 출발.

1. Liège-Banneux

    Liège와 Banneux를 잇는 노선 버스. Guillemins 역에서 문의할 것.
    50분 거리.

2. Veriers-Banneux

    역 앞에서 출발, rue de la Gare.
    23분 거리.

3. Pepinster-Banneux

    역에서 3분 거리에 있는 Place Maison Communale에서 출발.

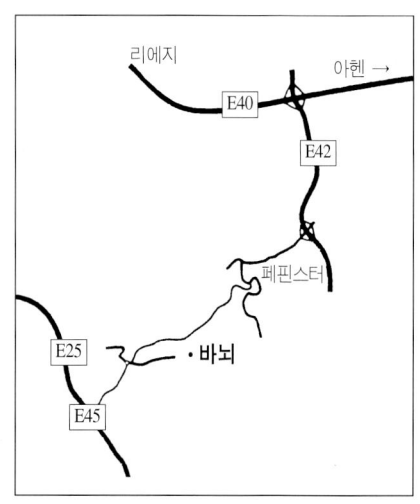